INFAMA MORALIA

INFAMA MORALIA

FERNANDO OLEAS

Valparaíso
EDICIONES

Número 545 de la Colección VALPARAÍSO DE POESÍA
dirigida por FEDERICO DÍAZ-GRANADOS

Diseño de la colección: Chari Nogales

Maquetación: Ciclo Creativo

Primera edición: noviembre de 2025

© De los poemas: Fernando Oleas

© Valparaíso Ediciones
C/ Fray Leopoldo, 7 bajo, 18014 Granada
www.valparaisoediciones.es

ISBN: 979-13-88007-12-5
Depósito Legal: GR 1721-2025

Impreso en España - *Printed in Spain*
Gráficas Gami

INFAMA MORALIA

PRÓLOGO

Llevado por mis sinrazones
porque algunos hombres hablan de paz;
mas sólo hablan, y es mordaz
la palabra y sus necias razones;

Hoy, mis sinrazones me llevan,
y locamente recorro los cielos
y escucho sus rezos, sus hielos,
y veo a nuestra raza terminar.

¿Para qué alas para volar,
por qué, Dios mío, este poderío;
conmigo intentas anunciar
cómo se ultraja nuestro albedrío?

Sé que una Casa Blanca es—
"Castillo es", diría Don Quijote—
do rezan los Salmos al revés
y al pueblo le dan con el azote;
Vienen nebulosos sombríos,
cargada gran tormenta de sollozos,
aunando días bochornosos,
albergándolos de escalofríos.

Son vientos del Medio Oriente.
Y yo volando entre tormenta
viendo que la furia aumenta
con un gran azote impertinente.

Por los pabellones del aire
me elevan mis importunas alas;
escucho infames secretos
de hombres, políticos, embusteros
que tejen con soez donaire
conclusiones que terminan en balas;

Con lógica lían guiñapos,
tomando té en sus pomposas salas.
Y nuestro pueblo en harapos
ni siquiera sabe la temeridad
que hundirá la humanidad.

Fragmentado cielo o alabanza
el que recorre mi ensueño,
en esta pesadilla yo el dueño
de esta tullida memoria
que no se remedia ni con la gloria,
ni con escueta esperanza.

Horas muertas el no reconocer,
y hundir la memoria en ascuas
como si fuese el día de Pascuas,
el error que van a cometer;

Parece metáfora de un sueño
este insomnio prolongado
y vuelo triste con él a mi lado
como si fuese un ensueño.
Adormezcan las incómodas mentes,
no distrayéndolas del mundo,

sino para poder soñar conscientes
de este gran dolor profundo.

Emerjo con agigantados pasos
y estrepitosos aleteos;
traspaso los fríos cielos etéreos
y en ese hielo me fundo,
como el cuerpo al mármol, en muerte,
que no remedia ni la suerte
este grotesco destino rotundo.

Ignoran que yo les ausculto
sus confesiones y naturaleza
quienes por atuendo rudeza.
Ni pretendo, ni callo, ni oculto
sabida verosímil verdad
y, ahora, a escuchar les invito,
mas no olvidar; e incito,
que escuchen bien esta puntualidad
y hechos de autenticidad
de historia, de farsa, y de hito

¡Escuchemos!

VUELO I

Infame: La economía es mala
            y es el momento de hacer algo,
            Cristiano yo, y sé que valgo
            aunque los otros, sé, están con Alá.
            Mas esta guerra quien la gana
            es aquel que de su sangre emana
            recoger petróleo, ojalá.

Colonpo: Esto el pueblo no lo puede saber,
            y tenemos que esconderlo
            y con mucho cuidado de perderlo
            disfracemos bien su conocer.

Rum: Sí, y con este Osama Bin Laden
            hay excusa, atacaremos;
            oportuno es, ya que venceremos
            aunque los moros lo alaben.

Infame: Digamos que está en una cueva;
            el pueblo ignorante cree,
            publicaremos todo lo que lee
            y presentaremos la prueba
            de un terrorismo que los conmueva
            a apoyar; y por su miedo
            presentar la guerra como remedio;
            y luego a Irak avanzar
            y con bombas a su gente destrozar.

Rum:	Uno por ciento de soldados basta para efectuar la tarea; y al pueblo quien los marea es la prensa de destrucción masiva manteniendo gente pasiva, aunque por historia bien lo sepamos, a soldados sacrificamos, su justa muerte será compasiva.
Infame:	Con justa razón lo has dicho y comenzaremos nuestra campaña, hasta ver esa alimaña revolcándose como un sucio bicho.
Rum:	Bien sabes, Osama Bin Laden a una máquina está conectado.
Infame:	Cubriremos el atentado aunque especulen que con él manden Alá y él; y aunque anden, imploren o regrese su profeta, ¡cueva hará mi escopeta, y como fumarola lo sacaré, trizas del pecho reventaré!
Condolencia:	No se apresuren en conclusiones que el plan debe ser trazado con un patriotismo bien calculado y así brotar ilusiones, aunque parezcan o no tradiciones representará tu linaje.

Infame: Pagarán los moros mis hazañas
aunque acusen mis patrañas,
y me denominen como salvaje.
Pues, falsa fue mi presidencia
coronándome como Bonaparte
que la política es arte
que sobrepasa el más prepotente;
aunque esté de mala parte,
vale la deshonesta persistencia.
Pues en la Guerra del Desierto;
delito a mi padre, es muy cierto,
deberá ser muy bien vengado.
Pues, debemos a Sadam Hussein sacar
aunque civiles hay que matar
o todos los que estén de por medio,
la ONU, si no hay remedio,
aunque se resistan, por entero,
todos a diestra y siniestra,
que indomables que nadie adiestra,
vale su piel como cordero;
beberemos sangre en finos vasos
para gozar futuros pasos,
recobrando todo dinero invertido
en guerra, ya, él advertido.
¿Cadenitas, qué piensas, se pelea?

Cadenitas: Me parece buena idea:
primero atacar en Afganistán,
para sacar quienes no están
eliminando a esta ralea.

Colonpo:	¿La familia de los Bin Laden y los intereses y relaciones?
Cadenitas:	Hay que cuidar las conexiones que algún rato bien nos puede servir. Recuerda, aquí está su gente, que pronto desean de aquí salir
Condolencia:	Absurdo al Congreso saltar surcando cielos nuestro jet y sacar a aliados del insurgente.
Infame:	No debes preocuparte por el riesgo ya que me concierne muy poco aunque digan luego que estoy loco, perdido o que estoy ciego.
Cadenitas:	Sí, pero es mejor al pueblo hablar para apoyar su desgracia aunque para nosotros sea gracia ya que comienza nuestro obrar.
Infame:	Me gusta mucho tu pensar, Sainete, y tu buen razonar y farsa, pues, reúnase ya el gabinete y redáctenme la comparsa y mi discurso para poder actuar, que hoy empezamos a jugar.
Cadenitas:	¿Cuál Sainete? anda y prepárate, y con tu cara de socarrón pronunciarás el discurso, Cimarrón, que ya están esperándote.

Colonpo:	Dejemos a un lado estas bromas y empecemos la tarea; dignas acciones de nuestra ralea, es actuar y tirar bombas.
	[Viene un asistente con un papel, un escapulario, un cordel; y pensando que podría ser visto salté como de improvisto espantándome de ser descubierto; mas rápido caí en cuenta que en mi sueño estaba cubierto. ¿Y este discurso que cuenta?]
Infame:	Déjenme sólo con este discurso, quiero poner la cara triste; para carnada o como alpiste de ignorante muchedumbre, y con ellos toda la podredumbre que en ellos está el curso; nuestro cometido, nuestro sentido y nuestra razón para vivir; ya que sólo ellos desean sufrir sometiendo su propio nido. ¡Pongan la *Marcha Fúnebre*...váyanse!
	[Vánse... y cansado de verlo, vuelo hacia el pueblo con ustedes; Sí, Nueva York en dobles redes, acarrea castigos sin quererlo.]

16

VUELO II

Hombre:

[*En Nueva York*]
Qué sucederá con nosotros,
hoy nos están atacando sin razón
y no aguanta corazón,
infamemente, ver morir a otros.

Mísera la gente aquella
que está encerrada en las torres
sufren sin odio y rencores
lo que hoy en día nos atropella;
de dónde o de qué altura
sufre esta gente este infierno.
¡Dios mío! Por qué sepultura
por qué sufrimiento y desventura,
por qué destruyes lo más tierno.

Cae hoy día hasta el más fuerte
tendidos en el pavimento
despedazados cuerpos con la muerte
sólo me queda el lamento.
¡Míralo, se lanza al precipicio!

Y cae como marioneta
y le cruza un asta cual saeta
y al choque un estropicio
y el palo que le cruza su pecho,
¡Qué hemos hecho hoy, Dios mío!
le roba infamemente su lecho.

¿Qué injusticias y condenas
desatas aquí, y con qué cadenas
si tu pueblo no es impío?

Mujer: Por qué se estrellan, Dios mío, qué pasa
Por qué a las torres gemelas
qué desgracias nos vienen paralelas
con esta ruina, a mi casa.
Mi esposo, Dios mío, quiero callar,
no te lleves infamemente
él trabaja diario cansadamente
para su familia sustentar.
Señor, su hija en casa lo clama
dice: "mamá, duele el pecho,
siento a papá y algo sospecho;
¿mamá por qué siento su alma,
por qué, mamá, mi pecho se congela
mi papá mi alma anhela;
¿adónde se fue papá, por qué lloras?"
Mi silencio no dice nada
su carita se le triza punzada
se transforma cuanto añoras.
¡Hagan algo, él jamás puede irse
nosotros lo necesitamos,
él es al único a quien amamos,
y no puede jamás morirse!

Hombre: ¡Miren! cae otro desesperado,
lanzado a la esperanza,
y miren como trata y alcanza
sólo infierno inflamado.

Mujer: Ayúdeme a buscar a mi esposo
vino a las torres a trabajar;
lo único que él hace es limpiar
es joven, pobre y buen mozo;

Hombre:	Señora no escucho, hay bullicio,
	ya los bomberos han llegado
	son pueblo y están de nuestro lado
	y defienden todo suplicio.
	¡No! suélteme que tenemos que correr
	la torre se viene abajo.
	¡Suélteme, suélteme, señora, carajo!
	que la vida podemos perder.
Mujer:	Sí, por qué se cumplen Tus profecías,
	Tú, sí creo que lo salvarás
	"polvo eres, polvo te convertirás"
	la raza humana rocías.
	Por qué nos subiste este infierno
	abrazando todos sin piedad
	amortiguando el cielo con deidad,
	ciñes de polvo a tu raza
	y maléfica muerte nos abraza.
Hombre:	Opóngase al desafío,
	venga ya conmigo a otro lugar
	en este día tan singular
	sorprendidos por raro poderío;
	que nos aflige con dolencia
	a tanta inexplicable violencia
	que doblega los corazones
	en bondad a semejante locura,
	que nos ha hecho sepultura,
	amargándonos sin justas razones.

Mujer:	¡Ay! muchas gracias caballero mas mi cuerpo no resiste angustia de su omisa ausencia mustia, que la sentencia no dejó postrero; era obrero en la vida y ayudaba a quien se lo pida, sin importar su procedencia.
Hombre:	Aquí hay mucha gente con decencia, hace el bien sin mirar a quien porque es un pueblo con agudeza que, en tiempos de tristeza, se une para remediar con el bien. Así son por todos los lados cuando no están bien manipulados; y aunque estén, ellos siempre reconocen estar muy bien unidos por alma y no por partidos. Mire, señora, como viene gente, son bomberos, policías, ricos, pobres, no veo jerarquías ni nadie quien mueva las masas sin presión se presentan en las plazas sin que nadie forje su mente.
Hombre:	¡Sí, pagarán quienes culpables sean! Este acto abominable y quitar los ojos o que no vean o hacer trozos al culpable. ¡Sí!, "Ojo por ojo, diente por diente" tiene que ser nuestra simiente!

Hombre:	¡No, no, no, Dios mío, la gente se tira!
Mujer:	Mira allá, ¡ese es tierno!
Hombre:	¡Allá! Cielos por qué razón la ira.
Hombre:	Dios, es el juicio, el infierno.

[Ya no resisto tanto sufrimiento
mas yo no quiero pasar juicio
de este ya intrincado bullicio;
quiero que vean el lamento
y juzguen ustedes lo que es justo,
y me inhibo, no ajusto,
los injustos prejuicios de mi mente
que con razón cansadamente
a poco no aletean mis alas
y vuelven a infames salas
para ver qué soluciones propone
o cómo discursos compone
esta fiera imagen política
con una posición típica
del distintivo político burgués
con una conciencia al revés
como un indómito ignorante
que creo nació sin talante.
¡Regresemos!]

VUELO III

[*Políticos*]

Infame: Qué han pensado, cómo hay que obrar
El discurso me ha dolido
hasta yo mismo me he convencido,
y me han dado ganas de llorar.
Pronto quiero el ensayo pronunciar,
tengo el alma bien dispuesta;
quiero aprovechar tal circunstancia
aunque importe la sustancia
de esta bien enmendada propuesta.
Ya conocemos la respuesta
a nuestro cometido y a nuestro fin;
mi misión paternal es Husein,
aunque con los Bin Landen la relación
fue buena, esencial, íntima,
y circunstancial escalar a la cima.
Y están encima con aflicción
y piden de nosotros cooperación
para salir de lo metido.

La opción, ya que hemos invertido,
petróleo, tiempo y dinero,
"poderoso caballero don dinero",
es sacarlos pronto de aquí
lo cual razonable es, considero;
siempre al caudal lo intuí
como primero: vital y racional.

Cadenitas: Con razón es rico y vital,
y lo proyectado y maquinado,
ya está bien adelantado,
repatriaremos todos los Bin Laden,
y todos los que son magnates
les mandaremos con ricos quilates
a reinar como ellos manden.

Colonpo: ¿Cómo explicar como ellos salen?

Infame: Tú no te alarmes, Colonpo,
lo haremos todo a su medida;
solucionemos su salida
y mañana septiembre 12 tapo
con un patriotismo sin igual,
que nos quedan solamente dos días
para enmendar osadías
ya que el pueblo está distraído
y se encuentra vulnerable
que fácilmente es manipulable;
y actuaremos sin censura
y con nuestros hechos bien encubiertos,
usando pericia del caso,
esperaremos por justo ocaso;
estupefactos sin mesura,
como si sufriéramos por los muertos.

Rum: Limité el área aérea,
mas con nuestro jet ya estamos listos
volaremos hoy sin ser vistos
circundando por el área etérea

de ciudad en ciudad, de Boston
a Houston, a Texas, a Los Ángeles,
hasta sacar los arcángeles;
si me da, a mi, la maldita gana
que soy Ministro de Defensa
y por seguridad no es ofensa
aunque mal se quejen mañana;
representante de Dios en la tierra
soy, y hago, ato y lío
aunque esto ocasione un lío
y me griten todos, " él yerra"
Me tiene sin más mínimo cuidado;
ya enredé esta partida
y no me queda sino la salida
de soltar mi último dado.
Como ya habíamos acatado,
y repatriar dictaminado,
a más de un centenar de Saudíes
y entre éstos, muladíes
modernos, ya que han idolatrado
sus existencias bien remozas
acción propia, muy digna y humana;
aunque se juzgue como vana
diremos sólo son chismes de mozas.

Infame: ¿Y ya despachaste la orden
para que saquen a nuestros amigos?

Rum: Como veneno en los higos
que eliminó a Cesar Augusto,
lo hice con placer y gusto,
sin oposición, repulso o desdén.

Infame:	¿Entonces están en camino y ejecutando en este momento operación y complemento que añoro? Pues, hoy sí determino lo importantísimo que es.
Rum:	El piloto llamó a los agentes del FBI para confirmar ya que no comprendía nuestra orden y mucho menos el desorden que requería una explicación. El FBI dio visto bueno, más este ciudadano afligido tuvo que ir a cada nido y cumplir la operación en pleno.
Colonpo:	¡Bien ejecutado, Ministro! Entonces sí que podemos continuar y la prensa obstaculizar, y actuar yo como el subministro.
Rum:	Esa tarea es muy mía y creo la tengo muy bien medida y la verdad bien suspendida para que no se percaten lo fría que esta situación puede ser.
Infame:	Está muy bien, y así quería ver a compatriotas tan unidos, y pretendiendo concebir lo justo en mentira que yo ajusto en nombre de Los Estados Unidos.

Rum: He liado de tal manera
dando la orden de un lado a otro,
como un indomable potro,
que jamás se podrá decir quien era;
pensarán que el FBI fue
o el Departamento del Estado
todo va bien manipulado
y no importa quien haya sido, fue.
¡Así empieza la tarea!
arte y decepción que se disfraza
para dar falsa esperanza
mientras victimas y torres marea.

Condolencia: ¿Y este discurso, qué hacer:
"las amenazas y problemas de hoy,
de mañana, y no de ayer,
es lo que deberíamos enfrentar"
tenía que pronunciarlo hoy.
yo creo que se podría enmendar
al discurso para pueriles.

Infame: Para civiles hay discursos miles
que muy fácil se pueden obviar,
aunque más tarde nos lleguen a odiar.
Y qué defensa de misiles
o excusa de Guerra de Estrellas
o muy bien tejidas querellas,
heredada desde la guerra fría.
Hoy tenemos oportunidad
para invadir a su comunidad
amparados en terrorismo
los sumergiremos en un abismo

con absoluta malignidad.
Buscar la forma de a Irak entrar
¿cómo ocasión desperdiciar?
estábamos pensando en Pearl Harbor,
para ver si la gente uno,

[interrumpiendo]

Colonpo: ¿Los ataques del cuarenta y uno?

Infame: a nuestro anhelado albor.

[Si esto es frío, ¿qué el discurso?
parece todo calculado;
pero regresemos al otro lado
a ver qué ocurre en su curso]

VUELO IV

Mujer: [En Nueva York]
Dios mío qué catástrofes ocurre
ya no me aguantan mis ojos
Dios mío por qué los haces despojos
por qué salvajadas trascurre
y evocas en mí sólo enojos.
Quiero ayudar quienes sufren
sin razón horrorosas agonías
ante la cara de la muerte,
postrándolos con diabólica suerte
en infernales cofradías.
Los han desalmado sin dejar cuerpos
dejando sólo las cenizas,
sombras blancas, fantasmas como tizas,
que salen a la luz en trapos
de cal; mas no vilmente calcinados
como aquellos chamuscados
sin cuerpo, sin atuendos y guiñapos
en el piso ochenta y tres
que les envolvió la suerte al revés
con fúnebre rostro macabro
como si dijese, "así yo labro
el destino impredecible"
¿Por qué Dios mío, es posible
que Tú nos hagas sufrir tanto
y nos sumerjas en profundo llanto?
Enterrando en los escombros
de hierro, metal, piedras y soledad;

¿Por qué esta cruz en los hombros
por quién tallada y por qué voluntad?
Tácitas, mudas, asombradas
viendo juntarse cenizas y sombras
a esas sombras quejumbrosas
que salen cual yesos y sombras blancas
arropados salen en zancas
y cubiertos de cuerpos empolvados
que fueron hoy sacrificados
para el resto de la humanidad.
Miren aquellas negras manchas,
brincan de las torres y se desprenden
parecen chispas que se prenden
o que fulguran solas a sus anchas.

Hombre: Creo que es papel o piezas,
o cascajos bruscos que se desprenden
y con la llama se desasen,
fragmentadas esquirlas hecho trizas.

Hombre: No son fragmentos los que se ven
son cuerpos que se lanzan al vacío,
¡Dios mío, por qué te ansío!
con tu invisible mano ven, detén
esos pobres que se arrojan
de estas llamas que nada lo cura
y que los lleva a la locura;
y sin miedo y con fuerza despojan,
de este infierno, la vida
que la manifiestan ya consumida
en las llamas inflamatorias.

Mujer:	¿Por qué mandas tan pavorosa señal,
	Dios mío, por qué este puñal
	si en la iglesia Tus Oraciones
	las escuchamos con sosiego
	alabando tu gloria poderosa
	centrada en la luz y rosa
	que ilumina hasta el más ciego?
Hombre:	Miren, de las ventanas vuelan
	como tristes almas desamparadas
	y las demás bien enfiladas
	esperan y al precipicio saltan.
Mujer:	Señor, esa mujer se tira,
	su vestido se infla e inflama
	y parece, al cielo clama
	palabras, rezos y ruegos sin ira.
Hombre:	Un hombre de cabeza cae
	y aún parece estar con vida
	que en el aire absorbida
	nuestro fundado temor lo atrae.
	Funesto sueño parece ser
	esto que la mala fortuna trae;
	como si fuese hoy el juicio
	mas parece el infernal bullicio
	que desata el acontecer.
Mujer:	¿Por qué este episodio sombrío
	que desgarra toda el alma,
	con qué afán infernal y qué brío
	se indujo grotesco frío?

¿Por qué nos bofeteas con tu palma
en las mejillas inocentes?

Hombre: La muchedumbre de las torres sale
y afuera caen hojas, cuerpos,
escombros; jamás visto en los tiempos.
Su gente no sabe si vale
correr, bien, hacia fuera o adentro
que los dos son malos infiernos
que los acoge en reinos eternos
albergándolos en su centro.

Hombre: ¡Ah! Tápense la cara no respiren
que cae tóxicos potentes,
y con poca cantidad que aspiren
se convertirán en víctimas,
de asbestos, químicos y sustancias.

[¡Dios qué fe! y esta señora
de manos de otra mujer añora.]

Mujer: Señora implore conmigo,
"Padre nuestro que estás en los cielos
santificado es tu nombre
hoy día que Tú eres mi amigo
sálvame, y a ese hombre
que solo se arroja sin recelos
y se da a tu albedrío…"

Mujer: Señora esos rezos me dan frío;
y cada uno tiene su Dios,
yo creo en Alá y su profeta

y no creo que Él cometa
ni tampoco su Dios, este mal adiós
siniestro y mal merecido.

Vieja: Señor, ayúdeme por favor a mí
que males no he cometido
ni siquiera un pecado esculpí.

Hombre: ¡Señora! que no se preocupe
que entre hermanos nos ayudamos
y para bien, damos las manos.

Vieja: Discúlpeme que así lo ocupe.
buen hombre, ¿usted de dónde es?

Hombre: Soy afgano, trabajo en las torres;
me voy, hay otros por rescatar.

Vieja: ¡Sí! Usted es mi ángel de la guarda.

Hombre: Hay gente que por mí aguarda.
[*se va corriendo*]
Vieja: ¡Gracias! Por usted hoy día voy a rezar.
Hombre: ¡La torre se viene abajo!
Hombre: ¡Corran todos y tápense la cara!
Mujer: ¡Pobres gentes.., ¡no! escóndanse!
Mujer: ¡Por qué así malamente morirse!
Hombre: Así es la vida de rara,
cuando nos sorprende por el atajo.
Hombre: Del infierno viene la llaga
a dejarnos aquí esta dolencia

que no remedia condolencia
lo que la suerte vilmente deshaga
hoy día de poca licencia.

[Qué confusión, qué estruendos y bulla
qué tristeza y qué desgracia
lo que a esta gente les arrulla
Ya cae la segunda torre
y veo toda la gente que corre
fuera de la Divina Gracia;
e injuriando espantados se van,
otros en el caos caminan
entre polvo y un cielo negruzco
después de un sonido brusco
quedan debajo un cielo cenizo
¡Dios! yo siento que agonizo,
y quiero escuchar cómo enmiendan
esta condena tan funesta;
¿será una operación honesta,
lo que estos tiranos traman?
Con más ofuscadas ansias que nunca
quiero escuchar su discurso
y dar oídos en qué vía o curso
su acción política trunca.
¡Regresemos!]

VUELO V

[*Políticos*]

Rum:
Sí, Tenemos que proceder con tino
eliminando Al Qaeda
cerciorándonos que ninguno queda:
¡Vengaremos sin desatino!
reduciendo a Osama, en cerdo.

Condolencia:
Estoy en completo acuerdo,
y me urge ya empezar la prensa.

Rum:
Pues, vamos a ver la empresa
que pronunciará nuestro presidente;

Colonpo:
Que este pueblo penitente
escuchará todo lo que les demos.

Cadenitas:
¡Pronto! A la mar con los remos
dando a estos idiotas enanos.

Infame:
Viendo todo en buenas manos
es hora de mostrar nuestro apoyo;
raspando lo frágil, el hoyo,
la llaga que hiere mis ciudadanos.

[*Aparte*]
¡Padre, empieza la venganza!
que me la expresaste y añoraste

pues hoy padre, sí lograste,
que tú odio, en mí, se torne lanza.

[*Entra la prensa*]

Camarógrafo: ¡Estoy listo con la cámara!

Prensa 1:   Señor presidente, estamos listos.

Maquilladora: Un momento...brilla la cara,
                        sombras... maquillaje o la máscara.

Prensa 2:   ¡Cámara... uno...dos...tres...listos!
                        [*Frente a la cámara*]
Infame: "¡Buenas noches, Estadounidenses!
                        Hoy, mis queridos ciudadanos,
                        no sé con qué esfuerzos vanos,
                        o qué sentimientos audaces,
                        nuestra forma de vida y libertad
                        sufre deliberadamente
                        a manos que maliciosamente
                        atentan contra la lealtad.
                        Terroristas, los que osadamente
                        mal buscan inicua igualdad.

                        Las víctimas que iban en aviones
                        no sabían que morirían;
                        eran personas que esperarían,
                        marcharse sin complicaciones;
                        atañían ellos a todas razas:
                        burócratas y militares,

empresarios, secretarias, mujeres,
y gente que vive sin zarzas:
amigos, vecinos, padres y madres,
hoy agobiados por pesares.
Miles de vidas fueron terminadas
por fuerza de maldad y terror
llenando los corazones de horror
y de oscuras sepulturas.
Mas estos aviones que se chocaban
contra torres de estructuras
sólidas y duras; estas locuras
incredulidad me causaban.

Quemaba y arrasaba el fuego
toda vida en su camino,
por esta razón hoy determino,
lo empezado, no es juego.

Hemos llenado de incredulidad,
tristeza, tácita cólera,
nuestro ánimo que hoy nos supera,
fuera de esta temeridad.
Estos actos de matanza masiva
vilmente quiere aterrarnos
y también con el caos ofuscarnos
y obligar a América
a retroceder en forma pasiva;
será reacción colérica
pues no podrán conseguir jamás
porque América vale más.

La gente de Nuestro país ya sabe,
y se presentan a defender
y su magnánima nación socorrer
a que la tragedia acabe.

Atacaron las bases y cimientos
haciendo temblar estructuras,
con sucesos de infames locuras,
mas no la base y nacimientos.
Esto actos fragmentan los aceros
sin afligir en la grandeza
Americana; pues verán rudeza
quemar sus ánimos braseros.

¡Estadounidenses! Es muy triste
y en nuestra desesperación
y odio encontramos una misión;
ya que tú, pueblo, con fe diste
tu voto, juré, defender esta nación.
¡Esto no quedará impune!
No cesaré, insista quien insista;
hasta hallar al terrorista;
y quien se atreva e importune
será juzgado enemigo,
que el mundo pueda haber vertido,
o de sus entrañas parido
a nuestro lado como gran amigo.
Encontraré a sus culpables
y les haré pagar paso a paso,
sin importar dónde traspaso
hasta encontrar esos miserables,

por matar almas inocentes
y por atacar el suelo cristiano;
os vengaré como romano
y látigo daré a penitentes.
Haré, a la fe que me diste,
justicia y fin a esta contienda,
ya que tu sufragio pusiste
yo seré aquel que haga enmienda
a tu ruego y sazón triste.

Nunca haremos distinción alguna
en los rudos secuestradores,
que se estrellaron contra las torres
cambiándonos nuestra fortuna;
pobres vehementes que albergaron
a diabólicos terroristas,
infligiendo maldades improvistas;
malamente los acogieron.
¡También deben pagar el mismo precio!
medidos con la misma vara
y no podrán jamás tapar la cara
al castigo legal y recio.

Hoy acaecemos la peor maldad
en naturaleza humana,
que fuerza de insurgentes emana
sin el espíritu de bondad.
Les pido que recemos por aquellos
que sufren dolencia y pena
y por los niños, que esta condena,
mal ganada vino a ellos

sufriendo miedo e inseguridad.
Hoy me uno a vuestro rezo
esperando porque algún consuelo
nos venga desde nuestro cielo
y del suelo levante nuestro peso
que hierra en los corazones.

Yo no tengo suficientes razones
a enseñaros la simiente,
mas los Salmos que al alma no miente
nos revela en el veinte y tres,
las verdades que hoy día acogemos:
aunque en valle de sombra
ande muerte, no temeré ninguno;
porque siempre estás conmigo
y tú pueblo que eres mi amigo
sabrás que al pecho me uno,
en los hechos que al mundo asombra.
para que hoy juntos roguemos
suplicándoles con piedad a los tres,
ya que yo rezo y le canto,
padre, hijo y espíritu santo
que no nos venga tanta maldad.

¡Ciudadanos! Emana de mi manto,
eternamente, bien y bondad.
Más hoy esta maldad me desubica
y sólo queda el remedio
de combatir sin importar el medio.
¡Qué Dios bendiga América!"

Prensa 2:	¡Corten! Gracias, Señor presidente.
	[*a la maquilladora*]
	limpien las sombras…la máscara…
	[*Aparte*]
Infame:	Dios mío, si yo así no pecara
	en esta forma presente;
	qué comparecería nuestra vida.
	[*A todos*]
	¡Sea la prensa despida!
	Por favor, déjenme todos a solas;
	[*Deteniéndola por el brazo*]
	No tú, humana Condolencia,
	quiero oírte el dolor que mora
	en pecho y mente traidora;
	ya que ufana mi pecho violencia.
	[*Solos*]
Condolencia:	Ni siquiera aludas al plan
	de las fumarolas en Afganistán
	que Cadenitas y tú sabrán,
	y que los demás especulan.
	A miembros de inteligencia
	se les ha prohibido comunicación
	de planes de militarización
	para que no ocurra indigencia
	ni ninguna clase de traición.

[De que vale comentario alguno
ante absurdo fingimiento;
pues rehúso y no me arrepiento,
y en alma al vuelo te uno
a que juzgues tu raza, mi hermano.
¡Regresemos!]

VUELO VI

[*En Nueva York*]

Hombre: Por que razón y por cuál mano
sufren los ciudadanos inocentes;
los políticos imprudentes
condenan a nuestro pueblo humano.
Así enmienda el gobierno
con discursos vagos y bien tejidos
saltan al ruedo protegidos.
Progenie del mismísimo infierno,
mira a Bush en televisión
pidiendo al pueblo que lo apoyen,
y a todos cuanto lo oyen
tratará de convencer con su visión.
Bien deben haberlo sabido
el ataque que se avecinaba
mas parece no importaba
porque su plan ya estaba tejido.
Cuantos mueran es beneficio,
de esos planes sucios bien trazados
aunque queden bien chamuscados
se interesan más por su oficio;
¡Cómo sufrirán las familias
de los parientes nunca encontrados,
o perdidos o destrozados,
o descuartizados o desgarrados,
y arrancados de sus nidos
dejándonos a todos confundidos;
casi volviéndonos dementes
por la infame pérdida nefasta.

Hombre:	Para los políticos, fausta
	es, y dichoso cuando el momento
	ocurrió. ¡Sólo es tormento,
	esta acción y tortura funesta!
Hombre:	Tienes razón en cuanto dices
	mira a Rum, ron, feliz y borracho
	con ironía a lo ancho
	mira al pueblo como a perdices,
	como conejillos de indias,
	y se mofa así las osadías,
	defendiendo idiosincrasias,
	como bravo león maquiavélico.
Hombre:	Con hipocresía y con velo,
	sale sin importarle la desgracia;
	Se medio destapa la cara,
	y con prosa e ironía rara,
	a pesar la hidropesía
	que circula su fétido cerebro
	piensa que es vivaz astucia
	esta vil y nefasta guerra sucia
	aprendido torno al Ébro.
	Y ahora maquinan sus entrañas
	como hacen las alimañas.
Hombre:	El pueblo mismo ya ha empezado
	a desenterrar los escombros,
	y sacan uno, otro y otro en hombros
	muertos, vivos, precipitados,
	cual marionetas mal descuartizadas
	caen los cuerpos arrumados.

Y otros fríamente arrollados,
por las penas en desolación
emiten gemidos, y no la canción
de cielos o vanas esferas,
que los sumergen, en vanas esperas,
sin razón, recóndita fricción,
quedan las voluntades afligidas.
¿Por qué las almas consumidas
y por qué los pueblos, vilmente pagan,
hoy, sin que nada ellos hagan?
¡Dios! Qué pasa con la raza humana,
que se destruye a sí misma,
se ha olvidado que es hermana
y ciegamente se abisma
en mala intencionada codicia;
y en el juego de lograr más
no se agitan, ni preocupan jamás,
de valer humana justicia.
Más y más la esperanza se cierra
al mirar cuanto se entierra
en esta mal turbada injusticia.
De qué sirven las buenas leyes,
si malcarados, mal las administran,
son brutos, son rumiantes bueyes,
hablantes turbados que hoy gobiernan,
como si fuesen nobles reyes.
¿Quiénes son los condenados culpables?
El odio no nace sin razón;
Aunque no abarque justificación,
arrasan cuerpos con alfanjes
inclementes; anudados al fuego,

vivo el cuerpo forcejea
viendo alada su alma llamea
en un vil infierno sin ruego.

Hombre: Dios mío, ruidosa tiembla la tierra
como cuando murió tu hijo;
y los cuerpos, alimento y mijo,
agarra, aterra, aferra
a los picos de las bestias harpías,
o infernales criaturas,
que se alimentan de sepulturas
e inhumanas osadías.

Mujer: Señor, pierdo el ánimo, la fuerza
y con ella la energía
al advertir y ver, que hoy en día,
el ser destruye la pureza
y hunde su raza en las tinieblas
donde a tientas entre nieblas
anda ya buscando su entereza.

          [*Gritando*]
Hombre: ¡No..! No volteen la cabeza;
¡No..! Ni tampoco miren hacia atrás
que parece que fue barrabás
quien nos dejó esta huella que pesa.

Mujer: Dios mío, qué masacre veo
que tormentoso y vil este hecho,
Dios mío, lo que veo, creo,
es un cuerpo crudamente deshecho,

y una cabeza sin cuerpo,
y cuerpos, cruelmente descabezados,
totalmente ya destrozados
y caen allá partes, piernas, brazos,
extremidades, torsos, trozos
y pedazos de corazón sin pecho,
¡Señor mío, siento despecho!

Mujer: ¡Ah! un tácito silencio infernal
les sella y muta la boca
y el grito tosco mudo me toca
babeando un silencio fatal.
Se derriten, se deshacen y arden
en la miserable fogata,
hasta que al otro mundo los ata
en un tosco mutismo final,
que los empuja sin que ellos tarden.

Hombre: Jamás he visto a la muerte
postrarse con cara tan pavorosa
ante furia estrepitosa
y ante tal oscuridad tan fuerte
que hoy nos hace estremecer
en este ruidoso, feo bullicio,
de osado último juicio,
que nos acuna su mortuorio mecer.

Hombre: Dios mío, sus cuerpos llamean
causándome total escalofrío
porque pierden el albedrío
y las penas entorno me golpean,
dejándome débil, sin brío.

Hombre: Señor, ante la infausta fortuna,
apiádate de esta gente,
irrádiales luz indirectamente
como lo haces a la luna,
e ilumina su cansada mente;
que todos los que viven penan
y con penar y soñar nos enseñan
que los que aquí mueren, sueñan,
por las pesadillas que aquí quedan;
¿Sabrán que ya han alcanzado
con muerte, vida y fortuna mayor
ya que este vivir es dolor
en un infame cuerpo proyectado?
¡Sus gritos alcanzan lugares
como los desencajados cantares!
La médula de tu enojo,
no adula ni presenta al ojo
humano, Señor, dulce mano
que en el templo diste al hermano,
su regocijo de pesares.
"Dios ha muerto" ante los ojos pobres
porque, Tú, te los has llevado
y seguirá muerto, hasta que obres,
y la justicia restaurada.

VUELO VII

[*Políticos*]

Infame:
Somos Goliat para el mundo
porque somos gigantescos y fuertes
y qué pretenden con sus muertes,
y hombre bombas; yo jamás confundo
la verdadera disposición
que falla y fija nuestra condición;
pues nuestro ideal profundo
es tener que empezar a atacar.
Ya han empezado a rogar
que se ajusticie el atentado
porque civiles han matado
por eso al cielo van a implorar.

Condolencia:
Pudimos haber prevenido
los inhumanos planes de Osama
y jamás hubiera venido
ni cumplido esta villana trama.
Nos hemos ganado la guerra
que se batallaba en otra tierra,
cual jamás nos pertenecía;
ya que torpemente obedecía
a ambos grupos religiosos
que se comportan como alevosos
matándose unos a otros.

Infame:
Aprovechemos bellacos encuentros
y mil disputas agradables

de israelitas y palestinos
que han labrado sus destinos.
Se convierten los judíos loables
acercándonos más a ellos
aunque vilmente agarren los cuellos
palestinos con desatinos,
con ira, cólera y temeridad.

Condolencia: Tiembla, trepida la libertad
en el suelo norteamericano;
y vales por republicano,
en esta feroz y contienda dura,
aunque la acción no es pura
ni cristiana toda la comunidad,
Nueva York es ya sepultura.

Infame: Me urge y me interesa saber
que piensas y que aconsejas,
aunque confusa, me frunzas las cejas,
cómo crees hay que proceder.

Condolencia: Es obvio, no se puede retroceder,
atacaremos ambos lados;
primero buscaremos los aleados
que a nuestros planes apoyen,
y en Los Estados Unidos la prensa
que haga creer a la gente;
gracias a Osama el demente,
están dispuestos y nos oyen
en esta fría situación y tensa;
este pueblo tan vulnerable

querrá ver que, a este indeseable,
que doblega la entereza,
se lo trate con máxima rudeza
por ser el único culpable.

Infame: Osama está demente, es verdad,
ya que las torres ha fundido
pero esta vez se ha confundido
haciendo temblar la libertad.

Condolencia: El fue el cabecilla del ataque
en Tanzania y Kenia; lanzó
misiles, Bill, en sus campos y dejó,
todos confusos y en jaque.

Infame: Irak ampliamente me interesa,
y Afganistán, con tres meses,
los despostaremos como las reses
del camal o cual ave presa.

Condolencia: No hay que cometer error alguno;
al mes que entraste en el mando
estuviste con la prensa hablando,
en febrero del dos mil uno,
lanzando una fuerte amenaza
a Sadam Hussein, sin prudencia.
Hoy está en el blanco, en la lanza,
apuntándole sin clemencia;
sólo necesitamos poco tiempo
en Afganistán, para entrar
luego en Irak y razón presentar

para que sigan a buen tempo
y a presto ritmo poder ingresar.

Infame: Fue el veintidós de febrero,
que importa, les falta la memoria,
tienen retención de obrero,
escueta cualidad de la escoria,
y de gente no educada
que no sabe nada de oratoria.
Ya deben haber olvidado
si es que alguna vez lo miraron,
pues, creo que nunca pensaron
el alcance que tenemos planeado.

Condolencia: Tenemos que tener cuidado;
y despistar y perder bien la cosa
que para nada es hermosa.
Los judíos están de nuestro lado,
esto agrava el problema
puesto que se hace muy evidente
que la guerra del insurgente
es parte de este nuevo dilema
y con esto ya justifican;
sus acciones sabidas por injustas
como verdaderas y justas.

Infame: No tengo muy clara tu preocupación
puesto que le das mucha vuelta
a situación que parece resuelta
sin más ninguna complicación.

Condolencia: Te lo explico detalladamente:
del noventa y cinco vienen
las fuertes amenazas, y omiten
y sobrestiman la mente
de Osama que promete atacar
si no prometemos retirar
la ayuda a los israelitas
con armamentos y arsenales
que les favorece en sus caudales.
Para palestinos malditas
son; y esto agrava el Oriente.

Infame: No entiendo bien tu razonar
explícamelo detalladamente.

Condolencia: Los aviones F-16
y los rifles y armas que les damos
son cosas que facilitamos
y por política proporcionamos...

[*Interrumpiendo*]
Rum: Aquí traigo este video
que tenemos desde hace tres años,
usémoslo como engaños,
o como ensueños hoy lo empleo.
Colonpo puede a su hijo
dar, el video para manipular
y hacer a nuestro antojo
que una vez presentada al ojo
curioso, queda así fijo;
y sin más ni más podremos atacar.

Pensarán que sí, es posterior,
al vil terrorismo del World Trade Center;
vale, centrado en cometer
justicia plena y superior.

[Curioso amigo volador
qué otra prueba quieres que te traiga
o en qué memoria me caiga
si tú también eres buen conocedor.

No digas que soy un hablador
que esta fatiga mi alma muele:
¡Pues término a lo que duele!

Vox populis te debe pertenecer,
y esto al fin reconocer]

VUELO VIII

Hombre: [*En Nueva York*]
Dios mío, bulle la sangre y vierten
arroyos de sangre tan secos
por culpa de unos porfiados tercos
sus almas penan y advierten,
infamemente de esta vil forma,
negándoles única horma
que bien se la merecen con la muerte.

Hombre: Osama es el sospechoso
y por ende todos los musulmanes
y con estos todos sus clanes.
Parece que lo creen provechoso
esta infame osadía
que nos ha mal venido este día
haciendo de esta gran ciudad
sólo una infame calamidad
que ha matado inocentes
por culpa y error de prepotentes
que no han sabido proteger
ya que solamente querían tejer
políticas de presidentes
que nos manipulase con urgencia.

Hombre: Quedamos con vista perdida,
anublados por sórdida ausencia
y por la falta de la presencia
de tanta vida gastada, vencida.

Mujer :   ¡Y mis hijos, Señor, mis hijos!
Quedo vacía y abandonada
y en vida crucificada
y ante tanta impotencia fijos
sin ayuda y con gran dolor;
Y quién más les dará ese gran amor
a mis dos tiernas criaturas;
Sí, anoche en las horas nocturnas
paseaban como taciturnas
y mirando con desdén las alturas
puesto que siempre en las noches
su padre les leía historietas,
y jugaba con marionetas,
haciendo fantasías y derroches
de su sutil imaginación.
Por qué esta aflicción; y cuál razón
para que entiendan mis niños,
Me preguntan, "por qué no ha llegado";
cuando jamás les ha faltado
cuentos e historias desde pequeños.
Miro triste a la distancia
y sólo veo sombras y negrura,
un manantial de amargura,
que no entiende esta circunstancia.
Mi rostro quiere ya unirse
o quizás sería mejor hundirse
con aquella distante sombra
que de lejos intuyo en escombra;
me detiene la atadura
que junto a mis hijos he forjado
y llevaré crucificado

aunque en mi vida él no alumbra.
Insoportable el silencio
al oír y escuchar su ausencia
fijada con gran insistencia
a la almohada fría que presencio;
la encuentro firme y muerta,
como ayer cuando cerró la puerta
que miro insistentemente
como si fuese la boca maldita
que selló su vida vendita
en ese marco feroz y doliente.
Mis hijos durmieron al frente
de esa puerta con los ojos fijos
los dulces ojos de mis hijos;
fijos estaban en esa perilla
y a veces con la mejilla
cosidos y pegados a la puerta
para anticipar sus pasos
pero finalmente, flacos, los lazos
nocturnos cedieron la puerta
y se quedaron los dos mal dormidos
al umbral de la pesadilla.
¡Quién eres, devuélvemelo, Dios mío!
¡Qué cielo tan amortiguado!
A mi alma en llanto has aguado
y vierten mis ojos un río;
un caudal infernal e indeseable
al ver como trizas las almas
con tus aclamadas benditas palmas
en tragedia insoportable.
Ningún dios, jamás lo podrá remediar

esta fuerza, este destino.
¡Quién Seas, dame fuerza dame tino!
para vivir y poder lidiar
con esta fuerza hostil y adversa;
y a mis hijos darles amor
sin enseñar en mi cara el dolor
que mi corazón triste versa.

[Desatinado vuelo en la ciudad
y me toco como un loco
y no puedo detenerme un poco
porque sufre la humanidad.
A cuántos lugares tengo que volar
y confirmar esta tragedia
que parece nadie la remedia
de este vil doble atacar.
Veo allá a unas cuantas mozas,
son árabes-americanas,
mas ya no las miran como hermanas
ya que traen en sus cabezas,
unos distintivos, bellos pañuelos
que hoy son símbolo de duelos.]

Mujer: Dicen las noticias que no salgamos
y que nuestras vidas peligran
puesto que nuestros pañuelos denigran
y que al pueblo no amamos.

Mujer: Sólo seguimos nuestras tradiciones,
aunque aquí hemos nacido
y este es nuestro único nido
hoy rodeado de aflicciones
que estremece en pena a todos
y por los pecadores justos
en acciones que vienen de injustos
a condenar de todos modos.

[Pero cuánto más quisieran escuchar,
si el resto ya saben todos;
y mis alas no van por los recodos,
y hasta duele poder volar]

EPÍLOGO

Me precipito hacia esta tierra
y con las alas semi-rotas
y las plumas cenizas desgastadas
como ave que solo yerra
o como pájaro ya mal herido
voy a la resaca mal hecho
con el dolor que llevo en el pecho
de haber visto lo sufrido:

Necio el hombre va contra el hombre
y su propia sangre derrama
y de paso se olvida cuanto ama
admire, pasme o asombre.

Mi cabeza ya medio se inclina
con la oblicua resistencia
de esta amarga reminiscencia
que masa humana arruina.
¡Llego exhausto! ya no como ángel,
y con el sentido cuajado,
sino como cuervo desencajado
y como enlutado arcángel;
pero miro y mido ese cielo
hoy día más y más distante
y se torna hoy más y más constante
en un parapeto de hielo.

Mi conciencia terrosa se disuelve
en Su espesa luz cuadrada
como geométrica cruz mal ganada
se hunde, pierde y no vuelve.

Desde las sombras del cosmos al mundo
con impío dolor regreso
y ahora me razono más preso
y con mayor peso me hundo;
no por flaqueza de este plumaje
sino por mi propia voluntad
que en este traje yo siempre visto
aunque se parta en la mitad
por el cenizo cielo que he visto.

Plomiza y triste llanura
hechos inevitables aluviones
que exhorta a la negrura
y confunde ingenuos corazones.

Desértica, pálida, estéril,
esta tenue memoria lacerada
se queda aquí congelada
como grotesco témpano inútil
a tanta crudeza humana:
¡Hoy sueño nada, vida inhumana!

ÍNDICE